1 しりとりめいろ

目標時間は3分

秒

JN000583

Q A ルールにしたがって，スタートからゴールまでしりとりを
しながらめいろを完成させましょう。

スタート↓

り　す	すいか	に　じ	じしゃく
りんご	かみなり	わ　に	くるま
ご　ま	めだか	うちわ	まないた
まくら	らくだ	だちょう	たぬき

ゴール

Q B 使わなかった言葉は何でしょうか。

ルール

① たて・横にしかすすめません。ななめにはすすめません。
② 一度通った言葉は2回使えません。
③ 1つだけ使わない言葉があります。

●保護者の方へ：しりとりでいろんな言葉を知ろう！知らなかった言葉は調べておきましょう！

〔　　月　　日〕

2 しりとりめいろ ②

目標時間は3分

分　　秒

Q A　ルールにしたがって，スタートからゴールまでしりとりを
しながらめいろを完成させましょう。

スタート↓

わかめ	ぞ　う	しいたけ	けしごむ
めだか	まんじゅう	う　し	むらさき
からす	こ　ま	ねずみ	きつね
すみれ	れいぞうこ	みかづき	きのみ

ゴール

Q B　使わなかった言葉は何でしょうか。

ルール

① たて・横にしかすすめません。ななめにはすすめません。
② 一度通った言葉は2回使えません。
③ 1つだけ使わない言葉があります。

●保護者の方へ：しりとりでいろんな言葉を知ろう！知らなかった言葉は調べておきましょう！

3 まちがいさがし ①

目標時間は3分

分　　秒

Q A 次の言葉のうち，間違えている言葉を正しく直しましょう。

①  ➡ 　　　　　

② ➡ 　　　　　

③ ふくろう ➡ 　　　　　

④ にわとり ➡ 　　　　　

⑤ かさも ➡ 　　　　　

Q B A の間違えているひらがなはいくつあったでしょうか。

　　　　　 個

ひらがなを
正しく
おぼえよう

〔　　月　　日〕

4 まちがいさがし ②

目標時間は3分

分　　秒

QA 次の言葉のうち，間違えている言葉を正しく直しましょう。

① くつ　➡ [　　　　　　　]

② えんぴつ　➡ [　　　　　　　]

③ いぬ　➡ [　　　　　　　]

④ ひまわり　➡ [　　　　　　　]

⑤ さっこ　➡ [　　　　　　　]

QB Aの間違えているひらがなはいくつあったでしょうか。

[　　　　　　]個

●保護者の方へ：正しいひらがなの使い方を確認しましょう！

〔　月　日〕

5 しりとりめいろ ③

目標時間は3分

分　　秒

QA　ルールにしたがって，スタートからゴールまでしりとりを
しながらめいろを完成（かんせい）させましょう。

スタート

おんがく	くま	まど	どらやき
とうも ろこし	ぶた	こんぶ	きりぎりす
こうてい	たこ	きのこ	すすき
いか	かぞく	くち	ちず

ゴール

QB　使（つか）わなかった言葉（ことば）は何（なん）でしょうか。

ルール

① 　たて・横（よこ）にしかすすめません。ななめにはすすめません。
② 　一度通（いちどとお）った言葉（ことば）は2回（かいつか）使えません。
③ 　1つだけ使（つか）わない言葉（ことば）があります。

●保護者の方へ：しりとりでいろんな言葉を知ろう！知らなかった言葉は調べておきましょう！

〔　　月　　日〕

6 しりとりめいろ ④

目標時間は3分

分　　秒

Q A　ルールにしたがって，スタートからゴールまでしりとりを
しながらめいろを完成（かんせい）させましょう。

スタート

つくえ	えのぐ	もんだい	いるか
てんじょう	ぐんて	じゃがいも	かもめ
う　し	り　す	すうじ	めじるし
しまうま	まつぼっくり	こうもり	し　か

ゴール

Q B　使（つか）わなかった言葉（ことば）は何（なん）でしょうか。

ルール

① たて・横（よこ）にしかすすめません。ななめにはすすめません。
② 一度（いちど）通（とお）った言葉（ことば）は2回（かいつか）使えません。
③ 1つだけ使（つか）わない言葉（ことば）があります。

●保護者の方へ：しりとりでいろんな言葉を知ろう！知らなかった言葉は調べておきましょう！

7 まちがいさがし ③

〔　月　日〕

目標時間は3分

分　秒

QA 次の言葉のうち，間違えている言葉を正しく直しましょう。

① あかやに　➡

② へそ　➡

③ おさな　➡

④ つみき　➡

⑤ のこぎ　➡

QB Aの間違えているひらがなはいくつあったでしょうか。

　　　個

〔　　月　　日〕

8 まちがいさがし ④

目標時間は3分

分　　秒

Q A 次の言葉のうち，間違えている言葉を正しく直しましょう。

① 〉るも　➡ [　　　　　]

② まくぐら　➡ [　　　　　]

③ ちゃいさ　➡ [　　　　　]

④ ノさば　➡ [　　　　　]

⑤ かめ　➡ [　　　　　]

Q B Aの間違えているひらがなはいくつあったでしょうか。

[　　　　　] 個

●保護者の方へ：正しいひらがなの使い方を確認しましょう！

9 しりとりめいろ⑤

QA　ルールにしたがって，スタートからゴールまでしりとりを
しながらめいろを完成させましょう。

スタート

とけい	だるま	まないた	たんす
い　す	ぱんだ	せ　み	すごろく
すみれ	らっぱ	ごりら	くいず
れいぞうこ	こおり	りんご	ずこう

ゴール

QB　使わなかった言葉は何でしょうか。

ルール

① たて・横にしかすすめません。ななめにはすすめません。
② 一度通った言葉は2回使えません。
③ 1つだけ使わない言葉があります。

●保護者の方へ：しりとりでいろんな言葉を知ろう！知らなかった言葉は調べておきましょう！

10 しりとりめいろ ⑥

Q A　ルールにしたがって，スタートからゴールまでしりとりを
しながらめいろを完成させましょう。

スタート

えんぴつ	つ　る	じょし	しろくま
みかん	る　す	すうじ	まつり
かがみ	めだか	すずめ	り　す
みかづき	き　く	くすだま	まくら

ゴール

Q B　使わなかった言葉は何でしょうか。

ルール

① たて・横にしかすすめません。ななめにはすすめません。
② 一度通った言葉は2回使えません。
③ 1つだけ使わない言葉があります。

11 文字うめパズル ①

〔　月　日〕

目標時間は3分

分　　秒

Q A ルールにしたがって，すべてのマスにひらがなを入れて完成させましょう。

文字プール

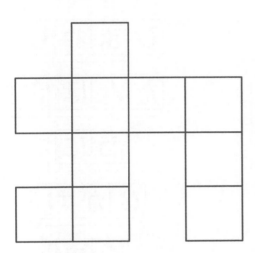

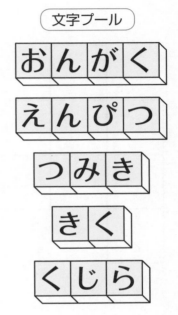

Q B 文字プールのうち，使わなかった言葉は何でしょうか。

ルール

① ひらがなは文字プールから選びましょう。
② 重なっている文字があります。
③ 1つだけ使わない言葉があります。

●保護者の方へ：パズルで思考力アップ！

12 文字うめパズル ②

目標時間は3分

分　　秒

Q A ルールにしたがって，すべてのマスにひらがなを入れて完成させましょう。

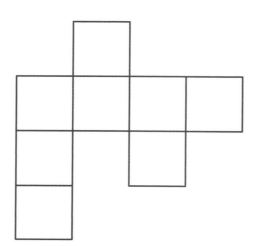

文字プール

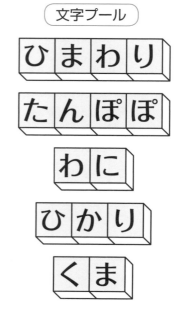

Q B 文字プールのうち，使わなかった言葉は何でしょうか。

ルール

① ひらがなは文字プールから選びましょう。

② 重なっている文字があります。

③ 1つだけ使わない言葉があります。

パズルはたのしいね！

●保護者の方へ：パズルで思考力アップ！

〔　　月　　日〕

13 しりとりめいろ ⑦

目標時間は3分

分　　秒

QA　ルールにしたがって，スタートからゴールまでしりとりを
しながらめいろを完成させましょう。

スタート

あめ	めだか	かえる	るす
うし	じゅぎょう	なめくじ	すな
しんごう	らっこ	だんご	ごま
うま	まくら	らくだ	まないた

ゴール

QB　使わなかった言葉は何でしょうか。

ルール
① たて・横にしかすすめません。ななめにはすすめません。
② 一度通った言葉は2回使えません。
③ 1つだけ使わない言葉があります。

14 しりとりめいろ ⑧

目標時間は3分

分　　秒

Q A　ルールにしたがって，スタートからゴールまでしりとりを
しながらめいろを完成させましょう。

スタート

どうぶつ	つばめ	しめじ	じゅぎょう
つみき	きって	こ　し	うちわ
み　そ	てがみ	らっこ	わ　に
そうこ	こ　ま	まくら	にわとり

ゴール

Q B　使わなかった言葉は何でしょうか。

ルール

① たて・横にしかすすめません。ななめにはすすめません。
② 一度通った言葉は2回使えません。
③ 1つだけ使わない言葉があります。

●保護者の方へ：しりとりでいろんな言葉を知ろう！知らなかった言葉は調べておきましょう！

15 解決文攻略パズル ①

かいけつぶんこうりゃく

目標時間は3分

分　　秒

Q A　ルールにしたがって，すべてのマスにひらがなを入れて
完成させましょう。

タテの解決文

1　「○き」はかねなり。
2　「け○○ま」であそぶ。
4　こどもの日に「○ま○」を食べる。

ヨコの解決文

1　「○○い」で時間を確認する。
3　オリンピックのメダルは，「○○」・
銀・銅です。
5　ゆき「○る○」をつくってあそぶ。
6　動物園で しろ「○○」を見る。

Q B　使った文字のうち，か行（かきくけこ）はいくつありますか。

個

ルール

① たて・横の解決文の○にひらがなを考えて，マスの中にひらがなを入れます。
② 重なっている文字があります。

●保護者の方へ：パズルで思考力アップ！

16 解決文攻略パズル ②

かいけつぶんこうりゃく

目標時間は3分

分　　秒

Q A　ルールにしたがって，すべてのマスにひらがなを入れて完成させましょう。

い
かんせい

タテの解決文

2　りんご，ぶどう，なしは「○だ○○」です。

3　でんしゃの「も○い」であそぶ。

ヨコの解決文

1　ねるときは，ふとんと「○○○」を使う。

4　てぶくろをせずにゆきあそびをしたら「し○や○」ができた。

Q B　使った文字のうち，ま行（まみむめも）はいくつありますか。

つか　　　もじ　　　　　　　　　　ぎょう

個
こ

ルール

① たて・横の解決文の○にひらがなを考えて，マスの中にひらがなを入れます。

よこ　かいけつぶん　　　　　　　　　　　かんが　　　　　　　　　　なか　　　　　　　　い

② 重なっている文字があります。

かさ　　　　　　　　もじ

17 しりとりづくり ①

Q スタートからゴールまでしりとりをしましょう。
ただし，ゴールは「ん」で終わらなくてもかまいません。

スタート

| りす | → | | → | かい |

↓

| みそ | ← | ぬいぐるみ | ← | |

↓

| そら | → | | → | だんごむし |

↓

| | ← | かに | ← | |

ゴール

ことばをたくさん知って
しりとりを
しよう！

〔　　月　　日〕

18 しりとりづくり ②

目標時間は3分

分　　秒

Q スタートからゴールまでしりとりをしましょう。
　　ただし，ゴールは「ん」で終わらなくてもかまいません。
また，たとえば「ば」で終わった場合，「は」や「ぱ」ではじめてもかまいません。

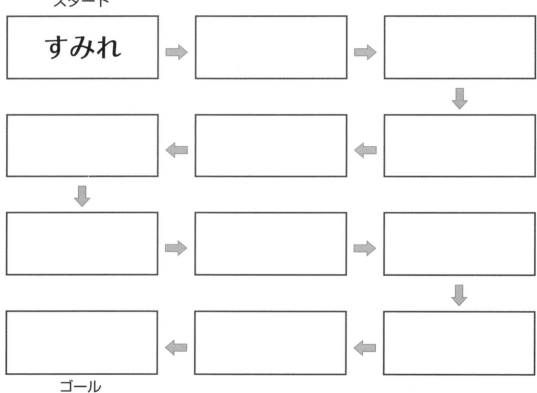

スタート

| すみれ |

ゴール

〔　　月　　日〕

19 まちがいさがし ⑤

目標時間は3分

分　　秒

Q A 次の言葉のうち, 間違えているカタカナを正しく直しましょう。

① アトスクリーワ ➡

② ハソガー ➡

③ ネヘタト ➡

④ ノート ➡

⑤ アメリカ ➡

Q B A の間違えているカタカナはいくつあったでしょうか。

個

20 文字うめパズル ③

QA　ルールにしたがって，すべてのマスにカタカナを入れて完成させましょう。

文字プール

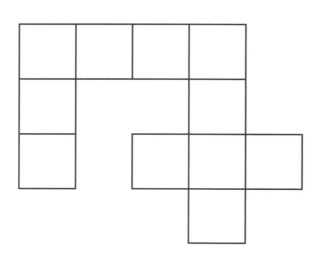

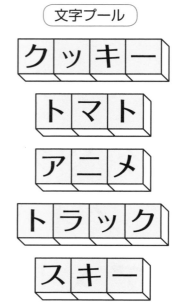

QB　文字プールのうち，使わなかった言葉は何でしょうか。

ルール

① 　カタカナは文字プールから選びましょう。
② 　重なっている文字があります。
③ 　1つだけ使わない言葉があります。

〔　　月　　日〕

21 しりとりづくり ③

目標時間は3分

分　　秒

Q スタートからゴールまでしりとりをしましょう。
　　ただし，ゴールは「ン」で終わらなくてもかまいません。
また，たとえば「バ」で終わった場合，「ハ」や「パ」ではじめてもかまいません。

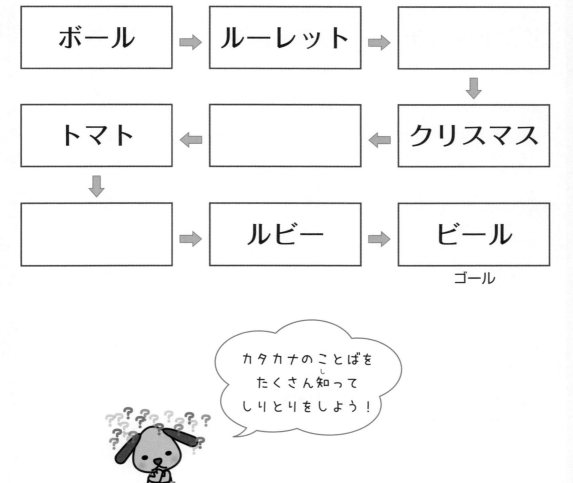

スタート

| ボール | → | ルーレット | → | |

| トマト | ← | | ← | クリスマス |

| | → | ルビー | → | ビール |

ゴール

カタカナのことばを
たくさん知って
しりとりをしよう！

●保護者の方へ：言葉を知るとたくさんしりとりができるようになります！

〔　月　日〕

22 しりとりづくり ④

目標時間は3分

分　　　秒

Q スタートからゴールまでしりとりをしましょう。
　　ただし，ゴールは「ン」で終わらなくてもかまいません。
また，たとえば「バ」で終わった場合，「ハ」や「パ」では
じめてもかまいません。

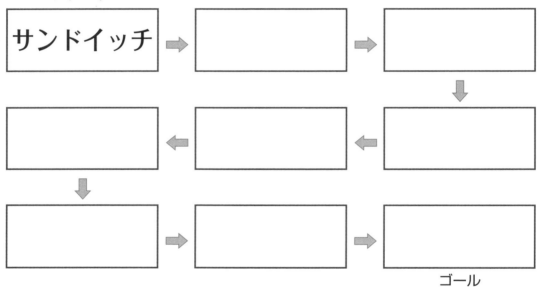

スタート

| サンドイッチ |

ゴール

＊できるだけカタカナで表すことばを考えましょう。
＊カタカナで表すことばは，ふつう外国からきたことばです。

23 文字うめパズル ④

目標時間は3分

分 秒

Q A ルールにしたがって，すべてのマスにカタカナを入れて完成させましょう。

文字プール

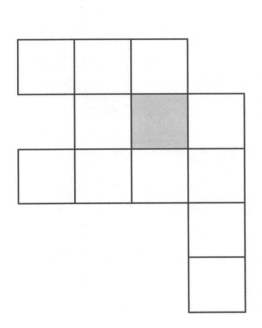

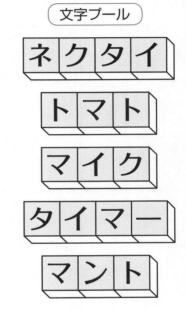

Q B 文字プールのうち，使わなかった言葉は何でしょうか。

ルール

① カタカナは文字プールから選びましょう。
② 重なっている文字があります。
③ 1つだけ使わない言葉があります。

●保護者の方へ：パズルで思考力アップ！

24 解決文攻略パズル ③

目標時間は3分

分　　　秒

Q A　ルールにしたがって，すべてのマスにひらがなを入れて完成させましょう。

1		2	
		3	
	4		
5			

タテの解決文

1　たまごの「○み」としろみを分ける。
2　冬は「○○○ろ」をはめて出かける。
4　「○ご」の手で背中をかく。

ヨコの解決文

1　はがきに「○○○」をはる。
3　三匹の こ「○○」。
4　舞台の「○○」が上がる。
5　お正月に「すご○○」をして遊ぶ。

Q B　使った文字のうち，ら行（らりるれろ）はいくつありますか。

個

ルール

① たて・横の解決文の○にひらがなを考えて，マスの中にひらがなを入れます。
② 重なっている文字があります。

〔　　月　　日〕

25 しりとりづくり ⑤

目標時間は3分

分　　　秒

Q 例にならって，連想する言葉を考えましょう。

例

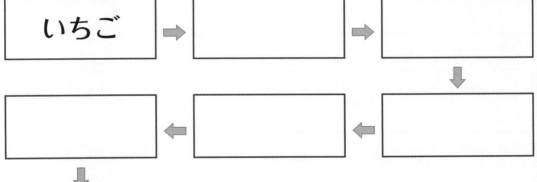

| レモン | → | きいろ | → | バナナ | … |

スタート

いちご →

＊色・形なども連想してみましょう。

●保護者の方へ：言葉を知るとたくさんしりとりができるようになります！

26 しりとりづくり ⑥

目標時間は3分

分　　秒

Q 連想する言葉を考えましょう。

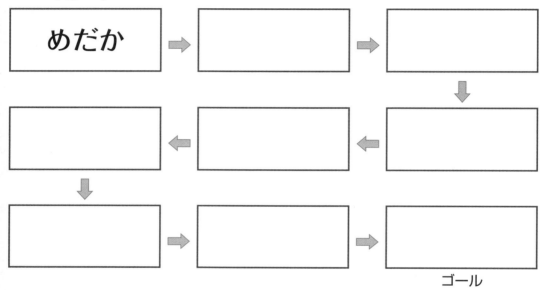

スタート

めだか

ゴール

＊色・形・なかま・すんでいる所なども連想しましょう。

27 まちがいさがし ⑥

Q A　次の言葉のうち，間違えている部分を正しいひらがなに直しましょう。

① みカん　➡ 　

② りんゴ　➡ 　

③ たヌき　➡ 　

④ キつつキ　➡ 　

⑤ ばッた　➡ 　

Q B　A の間違えている文字はいくつあったでしょうか。

個

ひらがな
カタカナ
よくにている
文字があるネ。

28 解決文攻略パズル ④

かいけつぶんこうりゃく

目標時間は3分

分　　　秒

Q A　ルールにしたがって，すべてのマスにひらがなを入れて
完成させましょう。

かんせい

い

タテの解決文

2　北極・南極には「○○くま」がいる。
ほっきょく　なんきょく

3　たんぼに「○○し」がたっている。

ヨコの解決文

1　きのう，きょう，「○○○」。

4　雪で大きな「○ま○ら」をつくる。
ゆき　おお

Q B　使った文字のうち，2つずつ使った文字は何ですか。3つ
つか　　もじ　　　　　つか　もじ　なん

答えましょう。
こた

☐　と　☐　と　☐

ルール

①　たて・横の解決文の○にひらがなを考えて，マスの中にひらがなを入れます。
よこ　かいけつぶん　　　　　　　かんが　　　　　　　なか　　　　　　　い

②　重なっている文字があります。
かさ　　　　もじ

29 しりとりづくり ⑦

Q 連想する言葉を考えましょう。

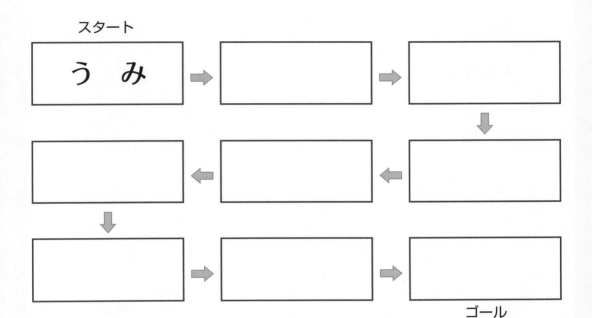

スタート

| う　み |

ゴール

＊色・形・大きさなどを連想しましょう。

30 しりとりづくり ⑧

目標時間は3分

分　　　秒

Q 連想する言葉を考えましょう。

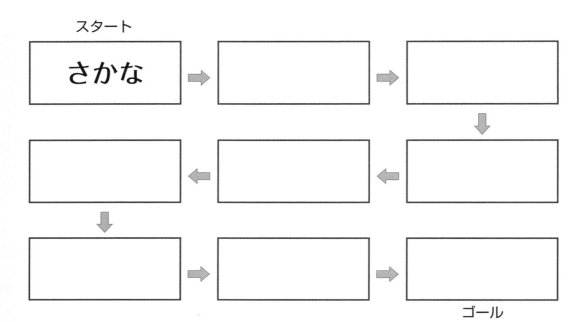

スタート

さかな

ゴール

＊色・形・味・動きなど連想しましょう。

31 文字うめパズル ⑤

目標時間は3分

分　　　秒

Q A ルールにしたがって，すべてのマスにカタカナを入れて完成させましょう。

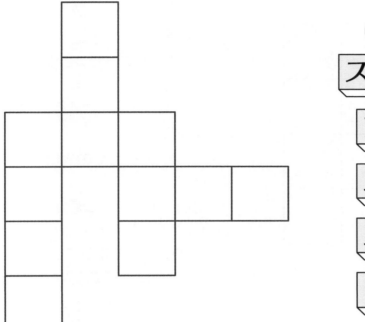

文字プール

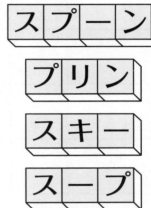

Q B Aの言葉のうち，食事に関係のあるものはいくつありますか。

□個

ルール

① カタカナは文字プールから選びましょう。
② 重なっている文字があります。

32 解決文攻略パズル⑤

目標時間は3分

分　　秒

Q A ルールにしたがって，すべてのマスにひらがなを入れて完成させましょう。

1		2	▨
	▨	3	
4			▨
	▨	5	

タテの解決文

1 「○ま○り」をあみでつかまえる。

2 くぎは「○○ゃ○」にくっつく。

ヨコの解決文

1 ひらがな，カタカナの次に「○○○」をならう。

3 オスの「○か」にはつのがはえている。

4 むかし，でんしゃではなく「○○○」がけむりを出して走っていた。

5 「○つ」は，げたばこに入れましょう。

Q B Aの言葉のうち，家の外にあったり，いたり，使ったりするものはいくつあるでしょう。

　　　　　　個

ルール

① たて・横の解決文の○にひらがなを考えて，マスの中にひらがなを入れます。

② 重なっている文字があります。

33 読んで発見！①

目標時間は3分

分　　秒

Q 次の(1)～(9)の漢字の読みを下の表から消していくと，ひらがなが三つ残ります。その三つをならべかえるとある言葉になりますが，それは何でしょう。

例 これは，一**万**円札です。

⇒「まん」と読むので，下の表の「まん」を斜線で消します。

(1) 私は**丸**顔と言われます。

(2) 他の国と外**交**をする。

(3) きれいに東**京**タワーが見える。

(4) 父は**今**ごろ新幹線に乗っているころだ。

(5) 友達との**会**話がはずむ。

(6) あなたのクラスは**何**人ですか。

(7) 図工で**作**品をつくった。

(8) きのうの**体**育でけがをしてしまった。

(9) みんなで**元**気に遊ぶ。

ま	ま	る	きょ	う
ん	こ	い	ま	さ	く
り	う	か	い	ん	た
げ	ん	ご	な	ん	い

●保護者の方へ：分からない言葉は辞書を使って調べます。筆順や他の熟語を知ってさらにパワーアップ！

34 ブロック分け ①

目標時間は3分

分　秒

QA　次のひらがなをブロックに分けていくと，いくつかの花の
名前に分けることができます。それぞれのブロックに分けま
しょう。

た	ん	ぽ	ぽ	す	ず	ら	ん
す	ば	ら	ひ	ま	わ	り	さ
み	ち	ゅ	ー	り	っ	ぷ	く
れ	あ	さ	が	お	き	く	ら

QB　Aには何種類の花がありましたか。漢数字で答えましょう。

種類

花の名まえを
たくさん
おぼえよう

●保護者の方へ：知識とパズルの思考力で語彙センスをきたえましょう！

〔　月　日〕

35 しりとりめいろ ①

目標時間は3分

分　　秒

QA　ルールにしたがって，スタートからゴールまで「いきもの」でしりとりをしながらめいろを完成させましょう。

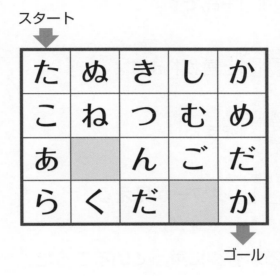

スタート

た	ぬ	き	し	か
こ	ね	つ	む	め
あ		ん	ご	だ
ら	く	だ		か

ゴール

QB　Aには何種類の「いきもの」がいましたか。漢数字で答えましょう。

　　分からない場合は，書き出してみましょう。

種類

ルール

① たて・横にしかすすめません。ななめにはすすめません。
② 一度通った文字は二回使えません。

36 漢字マスター ①

目標時間は3分

分　　秒

Q 次の(1)～(10)の漢字を練習しましょう。

(1) これは，□□円札です。
<small>いちまん</small> <small>さつ</small>

(2) わたしは□□と言われます。
<small>まるがお</small> <small>い</small>

(3) 他の国と□□をする。
<small>ほか</small> <small>くに</small> <small>がいこう</small>

(4) きれいに□　□タワーが見える。
<small>とうきょう</small>

(5) 父は□ごろ新幹線に乗っているころだ。
<small>ちち</small> <small>いま</small> <small>しんかんせん</small> <small>の</small>

(6) 友達との□□がはずむ。
<small>ともだち</small> <small>かい わ</small>

(7) あなたのクラスは□□ですか。
<small>なんにん</small>

(8) 図工で□□をつくった。
<small>ず こう</small> <small>さくひん</small>

(9) きのうの□□でけがをしてしまった。
<small>たいいく</small>

(10) みんなで□□に遊ぶ。
<small>げん き</small> <small>あそ</small>

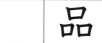

●保護者の方へ：熟語は漢字だけを覚えるのではなく，文の意味から考えられるようにしておきます！

37 読んで発見！②

目標時間は3分

分　　秒

Q 次の(1)～(9)の漢字の読みを下の表から消していくと，ひらがなが五つ残ります。その五つをならべかえるとある「いきもの」を表す言葉になりますが，それは何でしょう。

例 **万**国博覧会という大きなイベントがある。

　　　　⇒「ばん」と読むので，下の表の「ばん」を斜線で消します。

(1)　今日で，**丸**一年がたちました。

(2)　友人と**交**代して休けいする。

(3)　東京に行くことを**上京**するという。

(4)　**今日**，はじめてオーロラを見た。

(5)　大事な**大会**ということを忘れるな。

(6)　明日は**何日**ですか。

(7)　**立体**図形は重要な学習です。

(8)　**作文**で賞をとることができた。

(9)　一月一日は**元日**です。

さ	な	ん	に	ち	む	ば	が
く	か	た	い	か	い	ん	ん
ぶ	ま	る	と	き	ょ	う	じ
ん	ぶ	り	っ	た	い	し	つ
じ	ょ	う	き	ょ	う	こ	う

●保護者の方へ：分からない言葉は辞書を使って調べます。筆順や他の熟語を知ってさらにパワーアップ！

38 分解パズル ①

目標時間は3分

分　　秒

Q 次の言葉を文節＊ごとに分解しましょう。

例　ぼくの父はデパートの社長です。
⇒ぼくの／父は／デパートの／社長です。

考え方　この場合は，四つの文節に区切ることができます。

(1) 庭にきれいな花がさいた。

(2) ぼくの弟は小学生です。

(3) わたしは国語で百点をとった。

(4) 夜の病院はとてもこわい。

(5) あの山の頂上に雪が見える。

文の意味がわかる
いちばん小さい言葉は？

＊文節とは，文を実際の言葉として
意味が分からなくならない程度に
短く区切った言葉のことです。

39 おたすけ WORD（わーど） ①

目標時間は3分

分　　秒

Q 次の□□で囲った言葉を詳しく説明している部分に＿＿を引き，さらに右の□□に書きましょう。

例 <u>赤い</u> ｜りんご｜を 食べる。　　　| 赤い |

(1) あつい ｜ばしょ｜は 苦手だ。

(2) 広い ｜広場｜で サッカーを する。

(3) きれいな ｜湖｜は 底が 見える。

(4) 近くの ｜店｜で 買いものを する。

(5) あまい ｜ケーキ｜を 食べる。

言葉をたすけて
イメージが
ふくらんでくるよ。

●保護者の方へ：修飾語と言います。色々な言葉を助けることで言葉のイメージがふくらみます。

40 漢字マスター ②

目標時間は3分

分 秒

Q 次の(1)～(10)の漢字を練習しましょう。

(1) <ruby>万国<rt>ばんこく</rt></ruby><ruby>博覧会<rt>はくらんかい</rt></ruby>という大きなイベントがある。

(2) <ruby>今日<rt>きょう</rt></ruby>で，<ruby>丸一年<rt>まるいちねん</rt></ruby>がたちました。

(3) <ruby>友人<rt>ゆうじん</rt></ruby>と<ruby>交代<rt>こうたい</rt></ruby>して休けいする。

(4) 東京に行くことを<ruby>予定<rt>い</rt></ruby><ruby>状況<rt>じょうきょう</rt></ruby>するという。

(5) <ruby>今日<rt>きょう</rt></ruby>，はじめてオーロラを見た。

(6) 大事な<ruby>大会<rt>たいかい</rt></ruby>ということを<ruby>忘<rt>わす</rt></ruby>れるな。

(7) 明日は<ruby>何日<rt>なんにち</rt></ruby>ですか。

(8) <ruby>立体<rt>りったい</rt></ruby><ruby>図形<rt>ずけい</rt></ruby>は<ruby>重要<rt>じゅうよう</rt></ruby>な<ruby>学習<rt>がくしゅう</rt></ruby>です。

(9) <ruby>作文<rt>さくぶん</rt></ruby>で<ruby>賞<rt>しょう</rt></ruby>をとることができた。

(10) 一月一日は<ruby>元日<rt>がんじつ</rt></ruby>です。

●保護者の方へ：熟語は漢字だけを覚えるのではなく，文の意味から考えられるようにしておきます！

41 読んで発見！③

目標時間は3分

分　　秒

Q 次の(1)〜(9)の漢字の読みを下の表から消していくと，ひらがなが三つ残ります。その三つをならべかえるとある言葉になりますが，それは何でしょう。

例 兄弟げんかしたがすぐに仲直りした。

⇒「きょう」と読むので，下の表の「きょう」を斜線で消します。

(1) 日光がよく当たる所に布団を干す。

(2) 公園でかくれんぼをして遊ぶ。

(3) 新聞で国内のニュースをチェックする。

(4) 日本刀を作る職人に話をきく。

(5) 道具を大切に使う。

(6) ケーキを半分に分ける。

(7) 遠足前日はわくわくしてねむれない。

(8) 強い北風がふいている。

(9) 日曜の午後は買い物に出かける。

き	に	っ	こ	う	み	こ	な
ょ	に	ほ	ん	と	う	う	い
う	た	い	せ	つ	ぶ	き	た
ぜ	ん	じ	つ	か	ん	ご	ん

●保護者の方へ：分からない言葉は辞書を使って調べます。筆順や他の熟語を知ってさらにパワーアップ！

42 ブロック分け②

目標時間は3分

分 秒

QA　次のひらがなをブロックに分けていくと，いくつかの野菜の名前に分けることができます。

それぞれのブロックに分けましょう。

に	ん	じ	ん	ご	ぼ	う	だ
お	じ	ゃ	が	い	も	と	い
く	な	た	ま	ね	ぎ	ま	こ
ら	す	き	ゅ	う	り	と	ん

QB　Aには何種類の野菜がありましたか。漢数字で答えましょう。

種類

やさいの名まえを
たくさんおぼえ，
たくさん食べよう。

●保護者の方へ：知識とパズルの思考力で語彙センスをきたえましょう！

43 しりとりめいろ ②

QA　ルールにしたがって，スタートからゴールまで「いきもの」でしりとりをしながらめいろを完成（かんせい）させましょう。

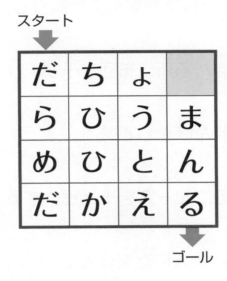

スタート

だ	ち	ょ	
ら	ひ	う	ま
め	ひ	と	ん
だ	か	え	る

ゴール

QB　A には何種類（なんしゅるい）の「いきもの」がいましたか。漢数字（かんすうじ）で答（こた）えましょう。

　　分（わ）からない場合（ばあい）は，書（か）き出してみましょう。

種類（しゅるい）

ルール

① たて・横（よこ）にしかすすめません。ななめにはすすめません。
② 一度（いちど）通（とお）った文字（もじ）は二回（かいつか）使えません。

●保護者の方へ：知識とパズルの思考力で語彙センスをきたえましょう！

〔　月　日〕

44 漢字マスター ③

目標時間は3分

分　　秒

Q 次の(1)～(10)の漢字を練習しましょう。

(1) きょうだい
□□げんかをしたがすぐに仲直りした。　| | 弟 |

(2) にっこう
□□がよく当たる所に布団を干す。　| | |

(3) こうえん
□□でかくれんぼをして遊ぶ。　| | 園 |

(4) 新聞で こくない
□□のニュースをチェックする。　| 国 | |

(5) にほんとう
□□□を作る職人に話をきく。　| | | |

(6) 道具を たいせつ
□□に使う。　| | |

(7) ケーキを はんぶん
□□に分ける。　| 半 | |

(8) 遠足 ぜんじつ
□□はわくわくしてねむれない。　| | |

(9) 強い きたかぜ
□□がふいている。　| | 風 |

(10) 日曜の ごご
□□は買い物に出かける。　| | |

●保護者の方へ：熟語は漢字だけを覚えるのではなく，文の意味から考えられるようにしておきます！

45 読んで発見！④

Q 次の(1)～(9)の漢字の読みを下の表から消していくと，ひらがなが三つ残ります。その三つをならべかえるとある「いきもの」を表す言葉になりますが，それは何でしょう。

例 **兄上**，今までお世話になりました。

⇒「あにうえ」と読むので，下の表の「あにうえ」を斜線で消します。

(1) レーザー**光**線はまっすぐ進む。

(2) **公立**の小学校に通う。

(3) 話の内**容**を整理する。

(4) これは昔の戦いで使われた**名刀**だ。

(5) あと少しのところで時間**切**れになってしまった。

(6) 分からなかった部**分**をよく復習する。

(7) 素早く**前**進する。

(8) **北極**でみられるオーロラはとてもきれいだ。

(9) **正午**から給食の時間になる。

あ	に	う	え	こ	う
こ	く	よ	う	ぶ	ん
う	ぎ	め	い	と	う
り	ぜ	ら	ほ	っ	げ
つ	ん	し	ょ	う	ご

●保護者の方へ：分からない言葉は辞書を使って調べます。筆順や他の熟語を知ってさらにパワーアップ！

46 分解パズル ②

目標時間は3分

分　秒

Q 次の言葉を文節＊ごとに分解しましょう。

例 ぼくの父はデパートの社長です。

⇒ぼくの／父は／デパートの／社長です。

考え方 この場合は、四つの文節に区切ることができます。

(1) わたしの父は工場の社長です。

(2) 君のかばんはとても重い。

(3) 庭の花がきれいにさいた。

(4) ぼくの弟は小学生だ。

(5) 大きなひまわりが校庭にさいた。

(6) 妹がとつぜん泣き出した。

＊文節とは，文を実際の言葉として意味が分からなくならない程度に短く区切った言葉のことです。

●保護者の方へ：文の構成を考えるには言葉の意味を理解するとよく分かりますね！

47 おたすけ WORD ②

わ ー ど

目標時間は3分

分　　秒

Q 次の□□□で囲った言葉を詳しく説明している部分に＿＿を
引き，さらに右の□□□に書きましょう。

例 しずくが ポタポタ おちる 。　　　　ポタポタ

(1) ごはんを パクパク 食べる 。

(2) しんぞうが ドクドク する 。

(3) うさぎが ぴょんぴょん はねた 。

(4) 魚が すいすい およぐ 。

(5) 北風が びゅうびゅう ふく 。

●保護者の方へ：修飾語と言います。色々な言葉を助けることで言葉のイメージがふくらみます。

48 漢字マスター ④

Q 次の(1)〜(10)の漢字を練習しましょう。

(1) □□，今までお世話になりました。

(2) レーザー□□はまっすぐ進む。 | | 線 |

(3) □□の小学校に通う。

(4) 話の□□を整理する。 | | 容 |

(5) これは昔の戦いで使われた□□だ。

(6) あと少しのところで時間□れになってしまった。

(7) 分からなかった□□をよく復習する。 | 部 | |

(8) 素早く□□する。 | | 進 |

(9) □□でみられるオーロラはとてもきれいだ。 | | 極 |

(10) □□から給食の時間になる。

●保護者の方へ：熟語は漢字だけを覚えるのではなく，文の意味から考えられるようにしておきます！

49 読んで発見！⑤

目標時間は3分

分　　秒

Q 次の(1)〜(9)の漢字の読みを下の表から消していくと，ひらがなが五つ残ります。その五つをならべかえるとある言葉になりますが，それは何でしょう。

例 **半日**立ちっぱなしだったので疲れた。
　⇒「はんにち」と読むので，下の表の「はんにち」を斜線で消します。

(1) **南**方から台風が近づいてくる。

(2) 高**原**へピクニックに行く。

(3) **友人**と外に出かける。

(4) フリーマーケットで**中古**の服を買う。

(5) この**台**地の牧場では牛を飼っている。

(6) クラスの集**合**写真をとる。

(7) 二人が**同**時にゴールする。

(8) ボールが**回**転する。

(9) **立体図**形を頭の中でイメージする。

分からない
言葉は
辞書で
しらべよう

は	ん	に	ち	な	ん
ゆ	き	げ	ん	だ	い
う	ご	う	ょ	う	ど
じ	ち	ゅ	う	こ	う
ん	か	い	し	ず	つ

●保護者の方へ：分からない言葉は辞書を使って調べます。筆順や他の熟語を知ってさらにパワーアップ！

〔　　月　　日〕

50 グループ集合 ①

目標時間は3分

分　　　秒

Q 次の言葉を，ようすを表す，状態を表す，動きを表す言葉の
グループ1〜3に分けてみましょう。

あかるい　　　ふこうへいだ　　　よむ

さすがだ　　　　　　あたたかい

あさい　　　すくなめだ　　　かく

たべる

あかるい	ふこうへいだ	よむ
グループ1 ようすを表す言葉	グループ2 状態を表す言葉	グループ3 動きを表す言葉

●保護者の方へ：言葉には色々なグループがあります。ここではどんなふうに分けられますか？

51 色分けパズル ①

Q 同じ色を表す言葉を考えましょう。

赤

白

黄

緑

＊色を表すものやようすを書きます。たとえば,「青」は青えんぴつ,
　青い空などたくさん思い出しましょう。

〔　　月　　日〕

52 漢字マスター ⑤

目標時間は3分

分　　秒

Q 次の(1)～(10)の漢字を練習しましょう。

(1) <ruby>半日<rt>はんにち</rt></ruby>立ちっぱなしだったので<ruby>疲<rt>つか</rt></ruby>れた。

(2) <ruby>南方<rt>なんぽう</rt></ruby>から<ruby>台風<rt>たいふう</rt></ruby>が<ruby>近<rt>ちか</rt></ruby>づいてくる。

(3) <ruby>高原<rt>こうげん</rt></ruby>へピクニックに<ruby>行<rt>い</rt></ruby>く。

(4) <ruby>友人<rt>ゆうじん</rt></ruby>と<ruby>外<rt>そと</rt></ruby>に出かける。

(5) フリーマーケットで <ruby>中古<rt>ちゅうこ</rt></ruby>の<ruby>服<rt>ふく</rt></ruby>を<ruby>買<rt>か</rt></ruby>う。

(6) この<ruby>台地<rt>だいち</rt></ruby>の<ruby>牧場<rt>ぼくじょう</rt></ruby>では<ruby>牛<rt>うし</rt></ruby>を<ruby>飼<rt>か</rt></ruby>っている。

(7) クラスの <ruby>集合写真<rt>しゅうごうしゃしん</rt></ruby>をとる。

集 ⬚

(8) <ruby>二人<rt>ふたり</rt></ruby>が<ruby>同時<rt>どうじ</rt></ruby>にゴールする。

(9) ボールが<ruby>回転<rt>かいてん</rt></ruby>する。

⬚ 転

(10) <ruby>立体<rt>りったい</rt></ruby><ruby>図形<rt>ずけい</rt></ruby>を<ruby>頭<rt>あたま</rt></ruby>の中でイメージする。

●保護者の方へ：熟語は漢字だけを覚えるのではなく，文の意味から考えられるようにしておきます！

53 読んで発見！⑥

目標時間は3分

分　　秒

Q 次の(1)～(9)の漢字の読みを下の表から消していくと，ひらがなが五つ残ります。その五つをならべかえるとある「いきもの」を表す言葉になりますが，それは何でしょう。

例 賛成が**半**数をこえたので，学級委員に選ばれた。

⇒「はん」と読むので，下の表の「はん」を斜線で消します。

(1)　冬休みに**南**国へ家族旅行に行く。

(2)　事故の**原**因を調べる。

(3)　親**友**と久しぶりに会う。

(4)　古**代**生物の化石を発掘する。

(5)　食事が終わったら，お皿を**台**所に持っていく。

(6)　先生の**合**図で一列に並ぶ。

(7)　班のみんなで共**同**作業をする。

(8)　今**回**の運動会は白組が優勝した。

(9)　地**図**の読み方を教わる。

は	ん	だ	あ	だ	い
な	ん	い	ら	あ	い
げ	ん	い	ど	う	か
ぐ	ゆ	う	ず	ま	い

●保護者の方へ：分からない言葉は辞書を使って調べます。筆順や他の熟語を知ってさらにパワーアップ！

〔　月　日〕

54 行動かんさつ ①

Q 次の言葉の中で，動きを表す言葉（『動詞』ともいいます）を〇で囲んで，正しい文にしましょう。

(1) 赤ちゃんが大きな声で
{ こわす
  はしる
  なく }。

(2) うさぎがピョンピョン
{ あるく
  はねる
  ねる }。

(3) コップを机の上に
{ おく
  おす
  もつ }。

(4) 古くなった洋服を
{ ならぶ
  すてる
  たべる }。

正しい言葉を
使って
いますか

(5) 図書館で本を
{ のむ
  よむ
  きる }。

(6) 友達に風邪が
{ うる
  うつる
  うごく }。

55 主役はこれだ！ ①

Q 「だれが」「何が」にあたる部分に＿＿を引き，さらに右の
　　　に書きましょう。

例 犬が　わんわん　ほえる 。

犬が

(1) じろうくんが　走って　やって　来た 。

(2) ヨットが　うみに　うかんで　いる 。

(3) くりが　木から　つぎつぎ　おちる 。

(4) 毎朝　ヨーグルトが　家へ　とどく 。

(5) 春になると　虫たちが　うごき　出す 。

●保護者の方へ：文には主役がいます。この文の主役はだれかな？主役が出てこないときもあります。注意！

〔　　月　　日〕

56 漢字マスター ⑥

目標時間は3分

分　　　秒

Q 次の(1)〜(10)の漢字を練習しましょう。

(1) 賛成が□□をこえたので,学級委員に選ばれた。

(2) 冬休みに□□へ家族旅行に行く。

(3) 事故の□□を調べる。　　　　　　因

(4) □□と久しぶりに会う。

(5) □□生物の化石を発掘する。

(6) 食事が終わったら,お皿を□□に持っていく。　　　　所

(7) 先生の□□で一列に並ぶ。

(8) 班のみんなで□□作業をする。　共

(9) □□の運動会は白組が優勝した。

(10) □□の読み方を教わる。

●保護者の方へ：熟語は漢字だけを覚えるのではなく,文の意味から考えられるようにしておきます！

57 読んで発見！⑦

目標時間は3分

分 秒

Q 次の(1)～(9)の漢字の読みを下の表から消していくと，ひらがなが四つ残ります。その四つをならべかえるとある言葉になりますが，それは何でしょう。

例 父は**雪国**育ちで寒さに強い。

⇒「ゆきぐに」と読むので，下の表の「ゆきぐに」を斜線で消します。

(1) この動物園の**入園**時間は九時からです。

(2) このデパートは**地下**二階まである。

(3) **広場**でサッカーをする。

(4) **小声**でひそひそないしょの話をする。

(5) コンサートの**前売り**券を買う。

(6) **冬場**に半そでで半ズボンでいると風邪を引くよ。

(7) 近所の**夏祭り**で金魚すくいをする。

(8) **外国**人に道を聞かれる。

(9) **多大**なご迷惑をおかけして申し訳ございません。

ゆ	に	ゅ	う	え	ん	ち	か
き	こ	ひ	ろ	ば	ふ	ゆ	ば
ぐ	ご	し	ま	え	う	り	た
に	え	い	が	い	こ	く	だ
な	つ	ま	つ	り	た	け	い

●保護者の方へ：分からない言葉は辞書を使って調べます。筆順や他の熟語を知ってさらにパワーアップ！

〔　　月　　日〕

58 グループ集合 ②

目標時間は3分

分　　秒

Q 次の言葉を，ようすを表す，状態を表す，動きを表す言葉の
グループ１〜３に分けてみましょう。

~~にがい~~　　　~~きれいだ~~　　　~~はしる~~

すずしい　　　　　　　　とぶ

おいしい　　　むりだ　　ねる

かんたんだ

にがい	きれいだ	はしる
グループ１ ようすを表す言葉	グループ２ 状態を表す言葉	グループ３ 動きを表す言葉

知っている
言葉を
グループに
分けてみよう

●保護者の方へ：言葉には色々なグループがあります。ここではどんなふうに分けられますか？

59 色分けパズル ②

目標時間は3分

分　　秒

Q 同じ色を表す言葉を考えましょう。

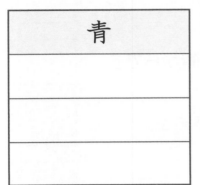

＊色を表すものやようすを書きます。自分の持ちもの，家や学校
　にあるものなどたくさん思い出しましょう。

●保護者の方へ：思いつく色をたくさん書きます。3つよりさらにたくさん書けるといいですね！

〔　　月　　日〕

60 漢字マスター ⑦

目標時間は3分

分　　秒

Q 次の(1)～(10)の漢字を練習しましょう。

(1) 父は□□育ち（ゆきぐに・そだ）で寒さ（さむ）に強（つよ）い。

(2) この動物園（どうぶつ）の□□時間（にゅうえん・じ・かん）は九時からです。

(3) このデパートは□□二階（ち・か・かい）まである。

(4) □□（ひろ・ば）でサッカーをする。

(5) □□（こ・ごえ）でひそひそないしょの話（はなし）をする。

(6) コンサートの□□□券（まえ・う・り・けん）を買（か）う。　　り

(7) □□（ふゆ・ば）に半（はん）そで半ズボンでいると風邪（か・ぜ）を引（ひ）くよ。

(8) 近所（きんじょ）の□□□□（なつまつり）で金魚（きんぎょ）すくいをする。　　祭　り

(9) □□人（がいこく）に道（みち）を聞（き）かれる。

(10) □□（た・だい）なご迷惑（めいわく）をおかけして申（もう）し訳（わけ）ございません。

●保護者の方へ：熟語は漢字だけを覚えるのではなく、文の意味から考えられるようにしておきます！

61 読んで発見！⑧

目標時間は3分

分　秒

Q 次の(1)〜(9)の漢字の読みを下の表から消していくと，ひらがなが三つ残ります。その三つをならべかえるとある「いきもの」を表す言葉になりますが，それは何でしょう。

例　日本**国内**を旅する。

　⇒「こくない」と読むので，下の表の「こくない」を斜線で消します。

(1) 幼稚園の**園長**先生はやさしかった。

(2) この**土地**は広い。

(3) 入学式の**会場**は体育館だった。

(4) この**音声**は加工されています。

(5) 来月，新商品が**発売**される。

(6) **真冬**にこたつで食べるみかんはおいしい。

(7) **真夏**に食べるアイスは最高だ。

(8) いろいろな種類の**外車**を見る。

(9) **多数決**で行き先を決める。

こ	く	な	い	と	ち	か
え	つ	ま	な	つ	ま	い
ん	は	つ	ば	い	ふ	じ
ち	が	い	し	ゃ	ゆ	ょ
ょ	お	ん	せ	い	ば	う
う	た	す	う	け	つ	め

●保護者の方へ：分からない言葉は辞書を使って調べます。筆順や他の熟語を知ってさらにパワーアップ！

62 行動かんさつ ②

Q 次の言葉の中で，動きを表す言葉（『動詞』ともいいます）を ○で囲んで，正しい文にしましょう。

(1) 急いでいるので，車の速度を $\left\{\begin{array}{l}\text{とめる}\\\text{上げる}\\\text{下げる}\end{array}\right\}$。

(2) 暗い道をライトで $\left\{\begin{array}{l}\text{すすむ}\\\text{ひらく}\\\text{てらす}\end{array}\right\}$。

(3) カップにお湯を $\left\{\begin{array}{l}\text{そそぐ}\\\text{しめる}\\\text{のむ}\end{array}\right\}$。

(4) 朝日が地平線から $\left\{\begin{array}{l}\text{のぼる}\\\text{行く}\\\text{下がる}\end{array}\right\}$。

(5) 靴のひもを $\left\{\begin{array}{l}\text{むすぶ}\\\text{あける}\\\text{ひらく}\end{array}\right\}$。

(6) 花びらが空に $\left\{\begin{array}{l}\text{とぶ}\\\text{まう}\\\text{おちる}\end{array}\right\}$。

●保護者の方へ：正しい言葉の使い方をマスターしましょう！

63 主役はこれだ！ ②

Q 「だれが」「何が」にあたる部分に＿＿を引き，さらに右の
　　　□□□に書きましょう。

例　犬が　わんわん　ほえる。　　　　　犬が

(1)　今年は　ぶどうが　たくさん　なった。

(2)　イルカが　すごい　速さで　泳ぐ。

(3)　星が　きらきらと　光って　いる。

(4)　運動場では　子どもたちが　遊んで　いる。

(5)　授業中に　消しゴムが　机から　落ちた。

●保護者の方へ：文には主役がいます。この文の主役はだれかな？主役が出てこないときもあります。注意！

64 漢字マスター ⑧

Q 次の(1)～(10)の漢字を練習しましょう。

(1) 日本□□を旅する。

(2) 幼稚園の□□先生はやさしかった。

(3) この□□は広い。

(4) 入学式の□□は体育館だった。

(5) この□□は加工されています。

(6) 来月，新商品が□□される。 　発

(7) □□にこたつで食べるみかんはおいしい。 　真

(8) □□に食べるアイスは最高だ。 　真

(9) いろいろな種類の□□を見る。

(10) □□□で行き先を決める。 　決

●保護者の方へ：熟語は漢字だけを覚えるのではなく，文の意味から考えられるようにしておきます！

語彙&表現 初級　パズル道場検定

1 ばらばらになった漢字を組み合わせて，二文字の熟語を答えましょう。

(1) 八 ＋ 袁 ＋ 口 ＋ ム ＝ ☐☐

(2) 囗 ＋ 今 ＋ 乂 ＋ 口 ＝ ☐☐

(3) 云 ＋ 昜 ＋ 人 ＋ 土 ＝ ☐☐

(4) 女 ＋ 女 ＋ 未 ＋ 市 ＝ ☐☐

(5) 彳 ＋ 肖 ＋ 彡 ＋ リ ＝ ☐☐

2 矢印の向きに連続した二つの漢字は熟語を表します。正しい熟語になる漢字を一文字入れましょう。

(1)
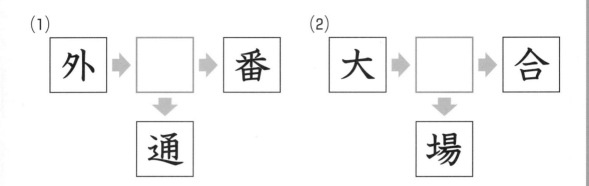

(2)

(3)
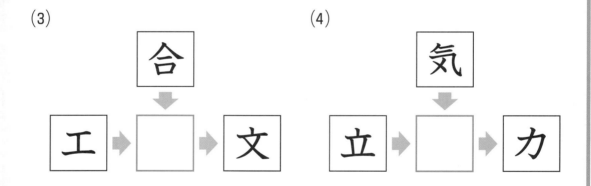

(4)

解 答 編

1 ⓆA

スタート

り す	すいか	に じ	じしゃく
りんご	かみなり	わ に	くるま
ご ま	めだか	うちわ	まないた
まくら	らくだ	だちょう	たぬき

ゴール

ⓆB　めだか

2 ⓆA

スタート

わかめ	ぞ う	しいたけ	けしごむ
めだか	まんじゅう	う し	むらさき
からす	こ ま	ねずみ	きつね
すみれ	れいぞうこ	みかづき	きのみ

ゴール

ⓆB　ぞう

3 ⓆA

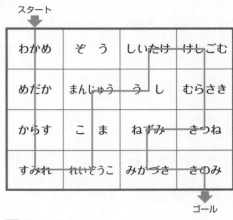

① ⌒⟩え　➡　つくえ

② がめ♪　➡　がめん

③ ふくろう　➡　ふくろう

④ にわとり　➡　にわとり

⑤ からす　➡　からす

ⓆB　10個

4 ⓆA

① くに　➡　くに

② えんぴつ　➡　えんぴつ

③ いぬ　➡　いぬ

④ ひまわり　➡　ひまわり

⑤ らっこ　➡　らっこ

ⓆB　8個

5 ＱA

ＱB　とうもろこし

6 ＱA

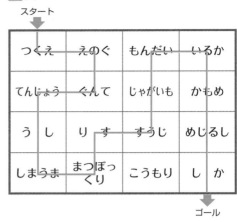

ＱB　こうもり

7 ＱA

① あかおに ➡ あかおに
② へそ ➡ へそ
③ おとな ➡ おとな
④ つみき ➡ つみき
⑤ のこぎり ➡ のこぎり

ＱB　8個

8 ＱA

① くるま ➡ くるま
② もぐら ➡ もぐら
③ ちゃいろ ➡ ちゃいろ
④ いちば ➡ いちば
⑤ かめ ➡ かめ

ＱB　9個

9 ＱA

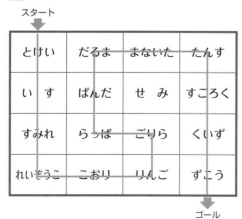

ＱB　せみ

10 ＱA

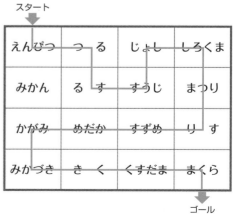

ＱB　みかん

11　Q A

	お		
え	ん	ぴ	つ
	が		み
き	く		き

Q B　くじら

12　Q A

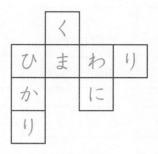

Q B　たんぽぽ

13　Q A

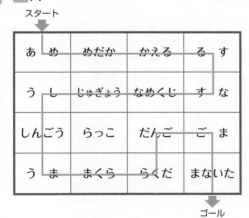

あめ	めだか	かえる	る　す
うし	じゅぎょう	なめくじ	すな
しんごう	らっこ	だんご	ごま
うま	まくら	らくだ	まないた

Q B　らっこ

14　Q A

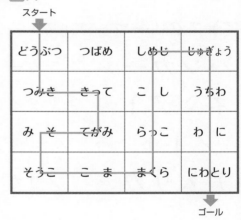

どうぶつ	つばめ	しめじ	じゅぎょう
つみき	きって	こし	うちわ
みそ	てがみ	らっこ	わに
そうこ	こま	まくら	にわとり

Q B　つばめ

15　Q A

¹と	²け	い	
³き	ん		⁴ち
	⁵だ	る	ま
⁶く	ま		き

Q B　4個

16　Q A

¹ま	²く	ら	
	だ		³も
⁴し	も	や	け
	の		い

Q B　3個

17 例

スタート

りす	⇒	すいか	⇒	かい

⇓

| みそ | ⇐ | ぬいぐるみ | ⇐ | いぬ |

⇓

| そら | ⇒ | らくだ | ⇒ | だんごむし |

⇓

| にほん | ⇐ | かに | ⇐ | しか |

ゴール

18 例

スタート

すみれ	⇒	れいぞうこ	⇒	こま

⇓

| こども | ⇐ | らっこ | ⇐ | まくら |

⇓

| もち | ⇒ | ちず | ⇒ | ずけい |

⇓

| うどん | ⇐ | ちきゅう | ⇐ | いたち |

ゴール

19 Q A

① アトスクバーワ ⇒ アイスクリーム

② ハソガー ⇒ ハンガー

③ ネぺタト ⇒ ネクタイ

④ ノｌト ⇒ ノート

⑤ アﾒリカ ⇒ アメリカ

　　Q B　8個

20 Q A

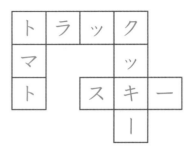

　　Q B　アニメ

21 例

スタート

ボール	⇒	ルーレット	⇒	トラック

⇓

| トマト | ⇐ | スカート | ⇐ | クリスマス |

⇓

| トンネル | ⇒ | ルビー | ⇒ | ビール |

ゴール

22 例

スタート

サンドイッチ	⇒	チョーク	⇒	クレープ

⇓

| フラフープ | ⇐ | グローブ | ⇐ | フォーク |

⇓

| フルーツ | ⇒ | ツバメ | ⇒ | メロン |

ゴール

注意　ツバメは日本語です。

23 **Q** A

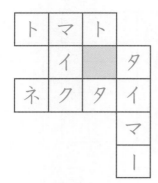

Q B　マント

24 **Q** A

¹き	っ	²て	
み		³ぶ	た
	⁴ま	く	
⁵す	ご	ろ	く

Q B　1個

25 例

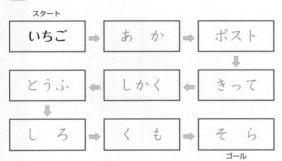

26 例

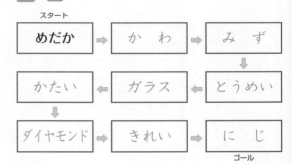

27 **Q** A

① **みカん** ➡ みかん
② **りんゴ** ➡ りんご
③ **たヌき** ➡ たぬき
④ **キつつキ** ➡ きつつき
⑤ **ばッた** ➡ ばった

Q B　6個

28 **Q** A

	¹あ	²し	た
³か		ろ	
⁴か	ま	く	ら
し		ま	

Q B　か, し, ま

29 例

スタート		
うみ →	あおい →	そら
		↓
うんどうかい ←	うんどうじょう ←	ひろい
↓		
たのしい →	クイズ →	こたえ
		ゴール

30 例

スタート		
さかな →	およぐ →	プール
		↓
あかい ←	すいか ←	なつ
↓		
うめぼし →	すっぱい →	レモン
		ゴール

31 QA

```
        ス
        キ
  ス ー プ
  プ     リ ン グ
  ー     ン
  ン
```

QB　3個

32 QA

¹か	ん	²じ	■
ま	■	³し	か
⁴き	し	ゃ	■
り	■	⁵く	つ

QB　4個

33　りんご

ま	ま	る	きょ	う	
ん	こ	い	ま	さ	く
り	う	か	い	ん	た
げ	ん	ご	な	ん	い

34 QA

た	ん	ぽ	ぽ	す	ず	ら	ん
す	ば	ら	ひ	ま	わ	り	さ
み	ちゅ	ー	り	っ	ぷ	く	
れ	あ	さ	が	お	き	く	ら

QB　九種類

35 **Q**A

スタート

た	ぬ	き	し	か
こ	ね	つ	む	め
あ		ん	ご	だ
ら	く	だ		か

ゴール

QB　九種類

36 (1) 一万　　(2) 丸（顔）　　(3) 外交　　(4) 東京　　(5) 今　　(6) 会（話）

(7) 何人　　(8) 作（品）　　(9) 体（育）　　(10) 元気

37 かぶとむし

さ	な	ん	に	ち	む	ば	が
く	か	た	い	か	い	ん	ん
ぶ	ま	る	と	き	ょ	う	じ
ん	ぶ	り	っ	た	い	し	つ
じ	ょ	う	き	ょ	う	こ	う

38 (1) 庭に／きれいな／花が／さいた。

(2) ぼくの／弟は／小学生です。

(3) わたしは／国語で／百点を／とった。

(4) 夜の／病院は／とても／こわい。

(5) あの／山の／頂上に／雪が／見える。

39 (1) あつい　　(2) 広い　　(3) きれいな　　(4) 近くの　　(5) あまい

40　(1) 万国　(2) 丸一年
　(3) 交（代）　(4) 上京
　(5) 今日　(6) 大会
　(7) 何日　(8) 立体
　(9) 作文　(10) 元日

41　みかん

き	に	っ	こ	う	み	こ	な
ょ	に	ほ	ん	と	う	う	い
う	た	い	せ	つ	ぶ	き	た
ぜ	ん	じ	つ	か	ん	ご	ん

42　QA

に	ん	じ	ん	ご	ぼ	う	だ
お	じ	ゃ	が	い	も	と	い
く	な	た	ま	ね	ぎ	ま	こ
ら	す	き	ゅ	う	り	と	ん

QB　九種類

43　QA

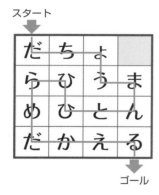

QB　六種類

44　(1) 兄弟　(2) 日光
　(3) 公園　(4) 国内
　(5) 日本刀　(6) 大切
　(7) 半分　(8) 前日
　(9) 北風　(10) 午後

45　くらげ

あ	に	う	え	こ	う
こ	く	よ	う	ぶ	ん
う	ぎ	め	い	と	う
り	ぜ	ら	ほ	っ	げ
つ	ん	し	ょ	う	ご

46 (1) わたしの／父は／工場の／社長です。

(2) 君の／かばんは／とても／重い。

(3) 庭の／花が／きれいに／さいた。

(4) ぼくの／弟は／小学生だ。

(5) 大きな／ひまわりが／校庭に／さいた。

(6) 妹が／とつぜん／泣き／出した。

47 (1) パクパク　　(2) ドクドク　　(3) ぴょんぴょん

(4) すいすい　　(5) びゅうびゅう

48 (1) 兄上　　(2) 光線　　(3) 公立　　(4) 内（容）　　(5) 名刀

(6) 切　　(7) （部）分　　(8) 前（進）　　(9) 北（極）　　(10) 正午

49 きょうしつ

は	ん	に	ち	な	ん
ゆ	き	げ	ん	だ	い
う	ご	う	ょ	う	ど
じ	ち	ゅ	う	こ	う
ん	か	い	し	ず	つ

50

あかるい	ふこうへいだ	よむ
あたたかい	さすがだ	かく
あさい	すくなめだ	たべる
グループ１ ようすを表す言葉	グループ２ 状態を表す言葉	グループ３ 動きを表す言葉

51 （りゃく）　＊身近なもの，ようす，自然など何でもかまいません。たくさん思いうかべましょう。

52 (1) 半日　　(2) 南方　　(3) 高原　　(4) 友人　　(5) 中古
(6) 台地　　(7)（集）合　　(8) 同時　　(9) 回（転）　　(10) 図形

53 あらいぐま

は	ん	だ	あ	だ	い
な	ん	い	ら	あ	い
げ	ん	い	ど	う	か
ぐ	ゆ	う	ず	ま	い

54 （○で囲む語）　(1) なく　　(2) はねる　　(3) おく　　(4) すてる
　　　　　　　　　　(5) よむ　　(6) うつる

55 (1) じろうくんが　　(2) ヨットが　　(3) くりが
(4) ヨーグルトが　　(5) 虫たちが

56 (1) 半数　　(2) 南国　　(3) 原（因）　　(4) 親友　　(5) 古代
(6) 台（所）　　(7) 合図　　(8)（共）同　　(9) 今回　　(10) 地図

57 しいたけ

ゆ	に	ゅ	う	え	ん	ち	か
き	こ	ひ	ろ	ば	ふ	ゆ	ば
ぐ	ご	し	ま	え	う	り	た
に	え	い	が	い	こ	く	だ
な	つ	ま	つ	り	た	け	い

58

にがい	きれいだ	はしる
おいしい	むりだ	とぶ
すずしい	かんたんだ	ねる
グループ1 ようすを表す言葉	グループ2 状態を表す言葉	グループ3 動きを表す言葉

59 （りゃく）　＊身近な物，ようす，自然など何でもかまいません。たくさん思いうかべましょう。

60 (1) 雪国　　(2) 入園　　(3) 地下　　(4) 広場　　(5) 小声
(6) 前売（り）　(7) 冬場　　(8) 夏（祭り）　(9) 外国　　(10) 多大

61 つばめ

こ	く	な	い	と	ち	か
え	つ	ま	な	つ	ま	い
ん	は	つ	ば	い	ふ	じ
ち	が	い	し	ゃ	ゆ	ょ
ょ	お	ん	せ	い	ば	う
う	た	す	う	け	つ	め

62 （○で囲む語）　(1) 上げる　　(2) てらす　　(3) そそぐ
(4) のぼる　　(5) むすぶ　　(6) まう

63 (1) ぶどうが　　(2) イルカが　　(3) 星が　　(4) 子どもたちが
(5) 消しゴムが

64 (1) 国内　　(2) 園長　　(3) 土地　　(4) 会場　　(5) 音声
(6) （発）売　(7) （真）冬　(8) （真）夏　(9) 外車　　(10) 多数（決）

パズル道場検定

1 (1) 公　園　(2) 合　図　(3) 会　場

(4) 姉　妹　(5) 前　後

2 (1)
外 ➡ 交 ➡ 番
⬇
通

(2)
大 ➡ 会 ➡ 合
⬇
場

(3)
合
⬇
エ ➡ 作 ➡ 文

(4)
気
⬇
立 ➡ 体 ➡ カ
（「合」でもよい）

「パズル道場検定」が時間内でできたときは，次ペー
ジの天才脳ドリル語彙&表現初級「認定証」を授
与します。おめでとうございます。

☆19

認定証

語彙&表現 初級

殿

_____

あなたはパズル道場検定におい
て、語彙&表現コースの初級に
合格しました。ここにその努力
をたたえ認定証を授与します。

年　月

脳力開発研究所

橋本龍吾